The need to reconstitute
the School of Military Music
on a new basis to improve
regimental music.

Frédéric Berr

The need to reconstitute the School of Military Music on a new basis to improve regimental music.

Translated by Craig Dabelstein

Maxime's Music

Originally published in French by J.-R. Mévrel as
De la nécessité de reconstituer sur de nouvelles bases le Gymnase Musical Militaire pour améliorer les musiques de régiment, 1838.

This edition copyright © 2025 by Craig Dabelstein

ISBN : 9781936512966
Published by Maxime's Music
maximesmusic.com

Contents

I	Française	1
1	Introduction	3
2	Formation des musiques militaires en France	5
3	De l'administration de la musique	7
4	Des gagistes	9
5	De la position des soldats musiciens	13
6	De la nécessité de compléter les orchestres de régiment	15
7	Attributions des grades	19
8	Appointemens	21
9	Pièces Justificatives	25
II	English	31
10	Introduction	33
11	Formation of military bands in France	35
12	Music administration from 1792 to the present	37
13	The gagistes	39
14	The position of musician soldiers	43

15	The need to complete regimental orchestras	45
16	Grade allocations	49
17	Salaries	51
18	Supporting documents	53

Première partie

Française

Chapitre 1

Introduction

L'ORGANISATION DES MUSIQUES DE L'ARMÉE a soulevé depuis longtemps les réclamations des colonels dont elle ne remplit pas les vues, et celles des musiciens dont elle blesse les intérêts.

Les progrès de l'art musical ont accru la difficulté de former de bons orchestres militaires avec les élémens dont ils sont actuellement composés ; et il ne faut rien moins qu'une réorganisation complète pour satisfaire aux vœux des artistes et aux exigences du service et de la discipline militaires.

Cette réorganisation doit être la conséquence nécessaire des développemens que réclame l'institution du Gymnase musical militaire, établi sur des proportions trop peu étendues pour remédier à tous les inconvéniens qu'on signalera dans le cours de ce projet.

L'état des musiques militaires avait éveillé l'attention de l'autorité, puisqu'en 1836 le Ministre de la guerre voulut l'améliorer en créant le Gymnase, où un soldat de chaque régiment d'infanterie doit passer deux ans pour y étudier les méthodes et le style modernes qu'il propagera ensuite à son retour dans l'armée.

Depuis dix-huit mois, on a pu juger des progrès rapides obtenus par le mode d'enseignement suivi au Gymnase, puisque déjà un certain nombre d'élèves, devenus habiles avant l'époque fixée pour leur remplacement ont été renvoyés dans les régimens où leurs services comme instrumentistes et comme professeurs sont particulièrement appréciés.

Si le retour d'un seul élève, dont l'éducation est complète, peut contribuer à l'amélioration d'une musique militaire, que serait-ce donc si l'on pouvait instruire au Gymnase plusieurs soldats d'un même régiment et les renvoyer à des époques fixes ou selon les besoins de l'armée, en qualité d'instrumentistes ou de chefs de musique, pour former dans chaque corps un noyau d'hommes capables d'imprimer à l'orchestre l'unité d'exécution qui lui est si nécessaire ?

Pour arriver à des résultats aussi avantageux, il faut :

1. Reconstituer les orchestres sur de meilleures bases que celles qui existent.
2. Fixer la position des soldats musiciens en leur conférant des grades et des honoraires destinés à récompenser le talent et à donner à ceux qui en seraient pourvus le désir de rester au corps.
3. Ces deux mesures importantes, dont l'exécution serait rendue facile par l'accroissement des élèves de l'école de musique du Gymnase, permettraient aux régimens de se passer de gagistes.

Telles sont les bases principales du projet qui sera soumis à l'autorité compétente, et dont on trouve les traces dans l'ancienne organisation des musiques de la garde impériale.

Je parlerai donc successivement :
— De la formation des musiques militaires ;
— De leur administration jusqu'à ce jour ;
— De l'emploi forcé des gagistes ;
— Des inconvéniens de leur séjour dans les régimens à côté d'individus liés réellement au service ;
— De la position des autres musiciens de l'armée ;

Enfin, je dirai quels sont les moyens de concilier les intérêts de l'État avec ceux des artistes musiciens de l'armée : ce sera le développement nécessaire des trois paragraphes formulés plus haut.

Chapitre 2

Formation des musiques militaires en France

Jusqu'en 1789, les moyens de conservation et de reproduction de l'art musical en France étaient circonscrits dans les maîtrises où l'on ne formait d'élèves que pour le culte. La musique instrumentale n'y était point étudiée. Il résultait un vide qui se faisait notamment remarquer dans les corps de musique attachés aux armées : la plupart des musiciens de régiment étaient Allemands, et les orchestres mêmes de nos théâtres furent pendant long-temps composés d'artistes étrangers.

Mais en 1792, on forma avec les musiciens de la garde nationale une école gratuite de musique où se recrutaient pendant la guerre les corps nombreux de musiciens qu'exigeait une masse de quatorze armées.

Telle fut l'origine du Conservatoire, et jusqu'en l'an V environ, il fournit plus de 400 élèves pour le service des armées. Mais lorsqu'on eut joint à cette institution l'école de chant et de déclamation, succursale de l'Opéra, la direction des études fut modifiée.

Deux ans s'étaient à peine écoulés, et les élèves, qui précédemment eussent été dirigés sur les régimens, suivirent la carrière du théâtre ou de l'enseignement.

Dès lors les musiques militaires furent complétées par des soldats, puis par des gagistes.

Chapitre 3

De l'administration de la musique depuis 1792 jusqu'a présent

Au temps de la république et sous l'empire, l'administration de la musique était réglée arbitrairement. Le chef de musique n'avait d'autorité sur ses subordonnés que sous le commandement du tambour-major. Tous les musiciens étaient soldats et comptaient comme tels dans les compagnies, où ils jouissaient de tous les droits au commandement, à l'ancienneté et à la retraite.

Sous la restauration la nouvelle organisation de l'infanterie comprit les musiciens en nombre égal et dans la même situation que précédemment. En 1820, le nombre des musiciens fut porté à douze, dont un chef. Par une ordonnance de 1821, ils ne furent plus considérés que comme gagistes, et par suite restèrent privés de tous les droits acquis aux militaires.

En 1823, il fut décidé que les soldats instruits pourraient, après six ans de service, se rengager pour servir dans la musique. Par cette disposition, ces musiciens occupaient la place de gagistes et jouissaient des avantages dus à leur position de musiciens et de rengagés, avec la perspective de l'avancement. La plupart ont rempli leurs fonctions avec zèle et parvinrent plus tard à obtenir des grades honorables dans l'armée.

Mais tandis que l'administration des musiques subissait tant de modifications, l'art faisait des progrès qui exigeaient un orchestre plus considérable aux frais duquel les ressources habituelles ne pouvaient plus suffire. Au mois de janvier 1827, il fut décidé, sur la demande des colonels, que le nombre des musiciens serait élevé à 27, parmi lesquels 9 au plus seraient gagistes et 18 au moins compteraient dans l'effectif du corps. Cependant comme le traitement des gagistes pouvait varier en raison des localités et de diverses circonstances, on jugea nécessaire de fixer une somme annuelle de 9,000 fr. sur laquelle seraient payées toutes les dépenses de la musique.

De toutes ces ordonnances successives qui ont modifié l'organisation des musiques militaires, aucune n'a fixé la position des musiciens, ni les moyens de compléter les cadres de l'orchestre par des hommes habiles qui appartinssent au régiment, ce qui eût évité l'emploi des gagistes.

# Chapitre 4

Des gagistes

Leur introduction dans la musique des régimens date de l'époque à laquelle le Conservatoire cessa de fournir des musiciens à l'armée. Dès lors, les chefs de corps furent obligés d'agréer une foule de musiciens étrangers pour compléter leurs orchestres. Ces gagistes ne prennent point les intérêts du régiment ; ils considèrent leur place comme une sorte de pis aller qu'ils quitteront à la première occasion pour gagner davantage. S'ils éprouvent quelque contrariété, ils parlent de se retirer ; et en effet, ils ne sont point liés sérieusement au service, et cette position incertaine engage les colonels à des concessions qu'ils ne feraient point à des militaires. Lorsqu'on a voulu s'appuyer sur l'ordonnance de 1833 pour soumettre les gagistes à la discipline, ils ont demandé leur congé. Et lorsqu'ils partent, ils se croient déliés de toute obligation envers le régiment, s'ils n'emportent aucun des objets qui leur ont été confiés. Cependant l'expérience a prouvé que les gagistes ne sont pas toujours aussi scrupuleux lorsque le régiment stationne près des frontières de leur pays.

Par suite de l'emploi de ces musiciens nomades, on commet de graves erreurs dans les comptes de l'habillement, puisque les habits sont souvent restitués avant d'avoir atteint l'époque fixée pour leur durée.

Quelques gagistes, dans le moment où ils ont besoin d'un emploi, font les plus belles promesses et dissimulent les embarras qu'ils traînent à leur suite. S'ils sont mariés, ils le nient d'abord, et les colonels, qui ne peuvent toujours s'assurer de la véracité de leurs assertions en subissent les conséquences.

En temps de guerre, il devient difficile de conserver une musique bien organisée : pour 10 f. par mois d'augmentation, la plupart des gagistes quittent un régiment ; et d'ailleurs, les chefs de musique se les enlèvent réciproquement. En voyant qu'ils sont devenus nécessaires, les gagistes élèvent leurs prétentions si haut que les 9,000 f. ne suffiraient pour concilier leurs exigences avec l'intérêt du service. — Tous ces inconvéniens, inhérens à l'emploi des gagistes dans l'armée, ne sont point rachetés par les qualités particulières de ces musiciens. Il en est peu qui sortent de la ligne ordinaire : ce sont pour la plupart des artistes très médiocres, trop peu habiles dans leur spécialité pour occuper un premier pupitre dans un bon orchestre. Ils profitent de la pénurie où se trouvent les musiques de régiment pour obtenir des emplois et des honoraires qu'ils n'auraient point ailleurs. Après avoir changé plusieurs fois de corps, ils finissent par perdre ce qu'ils savaient du style moderne, deviennent routiniers et ne sont d'aucune ressource pour l'enseignement. Ils ne donnent point de leçons aux élèves qu'ils s'engagent à former, ils en font des domestiques.

On voit par ce qui précède que les gagistes ne peuvent rendre de bons services.

S'ils sont étrangers, ils n'offrent aucune garantie.

S'ils sont Français, ils n'ont aucun intérêt à se fixer dans un régiment. S'ils ont été choisis parmi les élèves formés au corps ou au Gymnase militaire, ils reçoivent 10 ou 15 fr. de haute-paie, mais après leur engagement terminé, il faudrait qu'ils fussent bien inhabiles pour ne pas trouver 40 ou 50 fr. d'appointement dans un autre régiment, si toutefois ils ne préfèrent quitter le service militaire. C'est ce qui explique pour quoi les musiques se trouvent tout-à-coup privées de 15 ou 20 sujets à la fois.

Si les gagistes étaient supprimés, ceux qui se trouveraient dans cette position, auraient intérêt à rester au corps pour concourir avec les autres musiciens à l'avancement successif pour les diverses catégories dont on parlera plus loin. Ainsi, l'on maintiendrait dans la musique une unité d'exécution impossible à obtenir avec des artistes trop souvent renouvelés.

Les régimens ayant rarement dans leurs orchestres des musiciens capables de devenir chefs, en recrutent parmi les gagistes ; mais le titre de chef, attribué à un gagiste est presque toujours illusoire. Le gagiste n'a point, parle fait, d'autorité réelle sur les soldats musiciens pour maintenir la discipline sous le rapport des ordres, du commandement et de la hiérarchie. On a vu une preuve éclatante de cette assertion dans le fait qu'on va rappeler. Un musicien, soldat du 6e de ligne, insulta grossièrement pendant la répétition son chef de musique qui était gagiste, et s'oublia au point de lui jeter à la tête son instrument et son cahier. Le colonel commandant le régiment fit passer le soldat au conseil de guerre, à Paris, comme accusé de voies de fait envers un supérieur dans l'exercice de ses fonctions. L'accusation, loin d'être soutenue par le rapporteur, fut abandonnée sans réserve. Le conseil de guerre jugeant conformément aux conclusions du rapporteur, déclara que la qualité de chef de musique donnée à un gagiste, n'obligeait point un militaire à respecter comme son supérieur celui qui en était revêtu, et le soldat fut absous.

La même question vient d'être jugée tout nouvellement par la Cour de cassation. (*Voir* aux pièces justificatives.)

Les inconvéniens attachés à l'emploi des gagistes ne sont plus en question ; on conçoit que ces musiciens ne doivent et ne peuvent pas rester sous les drapeaux sans être liés au service à côté d'hommes engagés sérieusement.[1] C'est une antinomie qui ne peut subsister parce qu'elle entraîne l'état à (les dépenses inutiles, perpétue le désordre et les déplacemens dans les orchestres de régiment, et conduit à l'oubli de toute discipline militaire Un gagiste, même moins habile qu'un élève de régiment qui n'a que 10 francs de haute-paie, ne croit pas exiger trop de 60 francs par mois pour sa liberté qu'il engage temporairement et cherche constamment à recouvrer au grand scandale des chefs, par des infractions continuelles aux réglemens militaires.

---

[1] Le roi de Sardaigne vient de rendre une ordonnance par laquelle il supprime les gagistes et ne conserve sous les drapeaux que des hommes liés par un engagement militaire. Par cette mesure, les musiciens étrangers sont exclus de l'armée. Et d'ailleurs, en Italie et en Allemagne les Français ne peuvent servir comme musiciens gagistes.

Chapitre 5

De la position des soldats musiciens

On voit que le législation vient corroborer par des arrêts les observations qui s'appliquent aux gagistes. Aussi plusieurs chefs de musique, comprenant que leur autorité était illusoire, se sont décidés à contracter un engagement militaire, et aujourd'hui ils comptent dans les compagnies soit comme soldats, soit comme caporaux, soit comme sergens ; ils ont ainsi la perspective d'obtenir une retraite.

Mais pour éviter un inconvénient on tombe dans un autre.

Si le chef de musique n'est que soldat, il n'a point d'autorité réelle sur les autres soldats placés sous ses ordres comme musiciens, et encore moins sur un caporal ou un sergent attachés à la musique.

S'il est caporal, il n'a point d'action contre le sergent, et ses fonctions de caporal retombent à la charge des autres caporaux de la compagnie où il compte.

S'il est sergent, non-seulement il ne fait pas le service de son grade dans la compagnie, mais il nuit à l'avancement d'un caporal, puisque lui, sergent, est arrivé au grade le plus élevé auquel il puisse prétendre.

Il ne peut pas passer à l'inspection comme chef de musique et comme sergent dans une compagnie, ce serait là une fraude.

Dans la position de soldat, de caporal ou de sergent il trouve encore au-dessus de lui le tambour-major qui a le grade de sergent-major. Ainsi, un artiste dont l'emploi exige une certaine instruction et des connaissances spéciales, n'est pas jugé digne d'obtenir un grade et une autorité dévolus à un individu ordinairement sans capacité qui peut, dans l'occasion, lui faire sentir l'influence de ses galons de sergent-major.

Chapitre 6

De la nécessité de compléter les orchestres de régiment

Depuis vingt ans, l'art musical a fait d'immenses progrès dans toutes ses parties. Les orchestres de théâtre se sont enrichis d'un grand nombre d'instrumens.

Au temps de Grétry, de Méhul, de Boïeldieu, sept ou huit instrumens à vent suffisaient pour exécuter les compositions de ces grands maîtres, car de tout temps on a cherché à transformer en harmonie militaire les airs les plus saillans des opéras nouveaux. C'est surtout à la fécondité du génie d'Auber que la musique militaire doit l'impulsion qu'elle a reçue, parce que les œuvres de ce grand compositeur, devenues populaires même en Allemagne dans les régimens, offrent une foule de morceaux dont le caractère guerrier et bien rhythmé convient essentiellement à la troupe. Mais pour les exécuter convenablement, il faut les approprier aux ressources d'un orchestre militaire et constituer d'abord de bons orchestres.

On a vu plus haut qu'au fur et à mesure que les progrès de l'art exigeaient un plus grand nombre d'exécutans, les colonels avaient demandé l'autorisation d'augmenter le nombre des musiciens. Le chiffre de 27 ne suffit plus pour intercaller dans une harmonie le nombre de cors, de trompettes, de trombones et d'ophicléides devenus indispensables. Dans les théâtres de province, dans les sociétés philharmoniques, on a cherché à organiser les orchestres à l'instar de ceux de Paris ; les musiques militaires sont seules restées en arrière ; elles sont réduites à leurs ressources habituelles pour jouer les ouvrages modernes ; et dans les régimens, l'exécution est plutôt une sorte de travestissement qu'une imitation des effets admirés dans nos grands orchestres.

Pour obtenir une exécution convenable avec un orchestre militaire, il faut que la répartition des instrumens soit réglée ainsi qu'il suit, sans qu'on puisse jamais changer cette disposition qui est de rigueur.[1]

    1 petite Clarinette,
    1 petite Flûte,
    1 Clarinette solo,
    4 premières Clarinettes (dont 1er Hautbois),[2]
    6 secondes Clarinettes (dont 1 2e Hautbois),
    4 Cors,
    2 Pistons,
    1 Trompette,
    3 Trombonnes,
    2 Bassons,
    4 Ophicléides,
    1 Gross caisse,
    2 Tambours,
    2 Cymbales,
    2 Chapeaux chinois.
    36

---

[1] Dans le orchestres de théâtre, lorsqu'il manque un artiste à un emploi de cor, on n'y met pas un ophicléide. Les places sont marquées et ne varient point ; on n'intervertit pas l'agencement des instrumens en attribuant aux uns ce qui convient à d'autres ; c'est pourquoi l'on insiste ici sur la nécessité de conserver la répartition indiquée, d'autant plus que dans les orchestres militaires, on remplace souvent des instrumens de bois par des instrumens de cuivre. Aussi ce classement inégal nuit-il essentiellement à toutes les parties de l'orchestre. Ainsi, lorsqu'on a voulu réunir l'harmonie de divers régimens, toute exécution a été impossible ou détestable. Si les proportions eussent été fixées d'une manière convenable dans chaque orchestre, on obtiendrait, par leur réunion, une masse imposante dont les parties se prêteraient un mutuel appui ; tandis que la disproportion de l'une ajoutée à celle des autres, ne peut produire qu'un épouvantable charivari.

[2] Le hautbois doit être pris parmi les clarinettes, parce que l'instrument n'est pas d'un timbre assez éclatant pour être entendu dans les pas redoublés et les marches jouées à la tête de régiment, tandis que dans l'harmonie, c'est-à-dire les morceaux joués de pied ferme, au repos, dans les salles, les églises, l'usage du hautbois est indispensable. Jusqu'a présent, on a suppléé le hautbois par la clarinette, parce qu'il est rare de trouver de bons hautboïstes ; mais pour la variété des timbres, il vaut mieux employer le hautbois.

Les musiciens composant un tel orchestre seraient ainsi classés.

1 Chef,
1 Sous-chef,
4 Musiciens de 1re classe,
4 Autres de 2e classe,
19 Musiciens de 3e classe,
1 Musicien grosse caisse,
6 Soldats, cymbaliers, tambours et chapeaux chinois.

Pour maintenir cette organisation sur des bases fixes, il conviendrait de décider qu'à l'avenir tous les musiciens seraient engagés militairement, et qu'on leur accorderait des grades en rapport avec leurs attributions pour assurer à chacun une position convenable. Mais ces grades, purement honorifiques, et analogues à ceux des maîtres ouvriers, ne donneraient d'autorité que sur les musiciens; et ceux qui les auraient obtenus par leurs talens, ne pourraient en exercer réellement tous les droits qu'à l'époque de la retraite.

Cette proposition n'est point une nouveauté. Déjà sous l'empire, on en lit l'application pour les musiciens de la garde impériale auxquels on accorda les grades ci-après désignés.

Chapitre 7

Attributions des grades

Le chef de musique. — Adjudant; spécialement chargé de là surveillance et de la direction de la musique, et de l'arrangement des morceaux; il serait plutôt un chef d'orchestre qu'un instrumentiste, parce que son emploi exige des connaissances spéciales en harmonie, et l'habitude de conduire un orchestre.

Sous-chef. — Sergent-major; chargé spécialement de la discipline des musiciens et de l'exécution des ordres; soliste distingué.

4 Musiciens de 1re classe. — Sergens.
4 Musiciens de 2e classe. — Caporaux.
26 Soldats musiciens.

Le sergent-major et les autres musiciens gradés seraient chargés de l'instruction des élèves sous la surveillance du chef.

Cette organisation aurait encore pour résultat d'exciter l'émulation des soldats musiciens qui, ordinairement, ne travaillent point parce qu'ils n'ont aucun intérêt à faire des progrès, tandis qu'avec la perspective de l'avancement progressif de classe en classe jusqu'à l'emploi de chef, il s'établirait entre tous les musiciens une noble rivalité qui tournerait au profit du service et de l'exécution. Les chances d'avancement dans la musique seraient analogues à celles qui existent dans les compagnies où le zèle et l'aptitude trouvent une récompense.

Chapitre 8

Appointemens

On s'appuie encore ici sur un précédent déjà établi dans la garde impériale, où chaque musicien recevait avec sa solde une haute-paie qui s'élevait à 60 fr. par mois. Mais aujourd'hui il faut une répartition plus équitable et en rapport avec la nature de l'orchestre et l'emploi de chaque musicien.

Les appointements prélevés sur la somme de 9,000 f. affectée aux dépenses de la musique, seraient répartis de la manière suivante.

(Les appointements accrus de 11 f. 50 c. par mois, paie du soldat, seraient un émolument convenable pour les musiciens.)

	f. par mois.	f. par an.
Adjudant	140	1,680
Sergent major	80	960
4 Sergens	60	2,800
4 Caporaux	20	960
1 Gross caisse	10	120
		6,520
Fonds de roulement pour achat d'instrumens et réparation, fournitures diverses et haute-paie servant à récompenser le zèle des plus habiles musiciens de la 3ᵉ classe		1,200
		7,720

```
        Sur       9,000
                  7,720
        ─────────────────
        Reste     1,280
                     91   régimens
        ─────────────────
                  1,280
                115,200
        ─────────────────
                116,480
```

Après avoir arrêté l'organisation des musiques sur les bases qu'on vient de proposer, on pourrait employer une partie de l'économie à payer le prix de la pension de trois élèves au Gymnase. Une telle mesure aurait pour résultat de procurer, deux ans après l'organisation des musiques et du Gymnase, une masse de musiciens instruits qui rempliraient convenablement les emplois destinés aux militaires gradés. Dès lors quand on aurait besoin d'un certain nombre de sujets pour compléter les cadres des orchestres de régiment, on les prendrait au Gymnase.

Calcul :

```
        3 Élèves à 240 f.    720
        91 Régimens           91
        ─────────────────────────
                             720
                          64,800
        ─────────────────────────
                          65,520


                                116,480
        Frais du Gymnase         65,520
        ───────────────────────────────
        Économie                 50,960
```

Les avantages incontestables du projet que je viens de développer, méritent sans doute d'être pris en considération, car dans l'organisation nouvelle des musiques de régiment, tous les voeux seront remplis, tous les intérêts conciliés. Les artistes qui se vouent à la carrière militaire trouveront une position honorable dans l'armée ; l'Etat, réalisera une économie considérable, et sera dédommagé de ses sacrifices par de nombreux et brillans orchestres qui seront la gloire de l'art et des régimens ; toutes les positions une fois fixées, la discipline militaire ne sera plus violée en faveur d'étrangers qui ne veulent point s'attacher à l'armée. L'école du Gymnase deviendra le foyer de l'instruction musicale militaire en France, et, dans quelques années, les orchestres de régiment pourront se faire entendre avec orgueil, même dans la capitale.

Chapitre 9

Pièces Justificatives

Cour de Cassation (SECTION CRIMINELLE)
Présidence de M. Chopin d'Arnouville
Audience du 19 mai 1838

SUR LE POURVOI dirigé par le nommé Messmer, musicien gagiste au 56e régiment de ligne, contre un jugement du conseil de guerre permanent à la 7e division militaire, séant à Lyon qui l'a condamné à 5 ans de fers, pour émeute et menace envers un officier du régiment, M. le conseiller Bresson a fait le rapport et donné connaissance à la cour d'un mémoire rédigé en faveur de Messmer, par M. Durat-Lassalle, avocat à la cour royale. M. Hébert, avocat-général, a pensé, qu'en matière de compétence exceptionnelle, tout est de rigueur. Il faut donc rester dans les termes de la loi du 13 brumaire an v, qui ne rend justiciable des tribunaux militaires que les militaires proprement dits, ou ceux qu'elle leur assimile par une disposition spéciale. Or, les musiciens gagistes qui ont traité avec le conseil d'administration et se sont mis à la solde du régiment, ne sont ni militaires ni compris dans le nombre de ceux qui sont spécialement assimilés aux militaires. Ils ne sont pas justiciables des conseils de guerre.

Il est vrai que, dans l'espèce, en contractant avec le conseil d'administration du régiment, Messmer s'est engagé à se soumettre aux peines disciplinaires qui pourraient lui être infligées, et à être puni comme déserteur dans le cas où il quitterait le régiment ; mais cela n'implique en rien la question de compétence ; car d'une part, les peines disciplinaires ne sont que des mesures de correction, et de l'autre, il est évident que Messmer n'aurait pu, même en acceptant par avance la juridiction militaire, se priver de son droit de la décliner plus tard. L'avocat-général a donc conclu à la cassation et la cour a rendu l'arrêt suivant :

« Ouï le rapport de M. Bresson, conseiller, et les conclusions de M. Hébert, avocat-général;

» En ce qui touche le pourvoi formé par Joseph Messmer;

» Vu l'article 77 de la loi du 27 ventôse an VIII;

» Les articles 9 et 10 de celle du 13 brumaire an V;

» L'article 53 de la Charte constitutionnelle;

» Et l'article 6 du Code civil;

» Attendu que les conseils de guerre sont institués pour juger les délits militaires, et que cette qualification appartient aux délits commis par les individus qui font partie de l'armée;

» Qu'aux termes de l'article 9 de la loi du 13 brumaire an V, et sauf les exceptions qui concernent les embaucheurs, les espions et les habitans du pays ennemi, *les militaires et les individus attachés à l'armée et à sa suite* sont seuls justiciables des conseils de guerre;

» Attendu qu'il résulte des dispositions des articles 1, 33 et 34 de la loi du 21 mars 1832 que l'armée se recrute par des appels et des engagemens volontaires; que ceux-ci doivent être contractés dans les formes prescrites par les articles 34, 35, 36, 39, 40, 42 et 44 du Code civil, devant les maires des chefs-lieux de canton, et que la durée de l'engagement volontaire est de sept ans;

» Attendu que l'engagement contracté par le musicien gagiste qui n'a point été reçu sous les drapeaux, soit comme appelé, soit comme remplaçant, diffère essentiellement de l'engagement volontaire, par sa forme, par sa nature et par ses conditions; qu'il n'est autre chose qu'un contrat de louage par lequel le musicien engage ses services, moyennant un prix convenu, pour un temps déterminé;

» Qu'il suit de là que le musicien gagiste n'est pas militaire;

» Que même en admettant qu'il dût être rangé dans l'une des classes d'individus désignés par l'article 10 de la loi du 13 brumaire an V, dans l'espèce, le délit imputé à Joseph Messmer, simple musicien gagiste, et non soldat musicien, aurait été commis alors que le régiment auquel il était attaché se trouvait en garnison dans l'intérieur, et ne faisait partie d'aucun corps d'armée; qu'ainsi le demandeur n'avait pu être considéré comme étant *à la suite de l'armée*;

» Attendu enfin que les juridictions sont d'ordre public, et que si le musicien gagiste, en contractant avec le conseil d'administration, a déclaré se soumettre aux règles de la discipline militaire, cette convention qui avait pour objet de le rendre passible des punitions disciplinaires, n'a pu cependant le soustraire à la juridiction de ses juges naturels, ni le soumettre aux pénalités spécialement établies pour la répression des délits militaires, lorsque surtout elles s'appliqueraient à des faits emportant une peine afflictive et infamante ;

» Que le 1er conseil de guerre permanent de la 7e division militaire était donc incompétent pour procéder au jugement de Joseph Messmer, prévenu d'outrages par paroles et menaces envers un commandant de la force publique ;

» Qu'en confirmant cette décision, le conseil permanent de révision s'en est approprié le vice ; qu'il a violé aussi les règles de compétence et commis un excès de pouvoir ;

» Par ces motifs, la cour casse et annule :

1. le jugement du 1er conseil de guerre permanent de la 7e division militaire, du 19 janvier 1838, par lequel, en se déclarant compétent, il a condamné Joseph Messmer à la peine de cinq ans de fers, à la dégradation et aux frais du procès ;
2. le jugement du conseil permanent de révision, du 30 janvier 1838, qui a confirmé cette décision ;

» Et pour être procédé et jugé, conformément à la loi, sur les faits imputés audit Messmer, le renvoie devant le juge d'instruction du tribunal de première instance, séant à Lyon ... »

Un nouvel arrêt du conseil de guerre de Paris vient encore corroborer les assertions contenues dans ce mémoire.

Deuxième conseil de guerre de Paris
Présidence de M. Michel, Colonel du 29e Rég. de Ligne

Audience du 13 juin 1838.

MUSICIENS-GAGISTES. — DÉLIT NON MILITAIRE. — INCOMPÉTENCE DES TRIBUNAUX MILITAIRES. — RENVOI AUX TRIBUNAUX ORDINAIRES.

Dans le mois de novembre 1837, le sieur Petit, d'origine belge, demeurant à Paris, se présenta au colonel du 9e régiment d'infanterie de ligne, et contracta un engagement volontaire pour servir pendant deux ans dans ce régiment à titre de musicien, moyennant une somme qui devait lui être payée annuellement.

Dans le mois de février 1838, Petit ayant trouvé à contracter un engagement plus avantageux avec une société d'harmonie à Gand, abandonna le régiment ; mais, après son départ, de nombreuses réclamations étant arrivées au chef de musique, on apprit que ce musicien, sous divers prétextes, s'était fait remettre par M. Buffet, facteur d'instrumens, plusieurs clarinettes qu'il n'avait point payées ; que M. Gentellet, autre facteur d'instrumens, avait été également victime de Petit par les mêmes moyens, pour une clarinette d'un prix fort élevé ; un troisième facteur, le sieur Darche, lui confia, en sa qualité de musicien attaché au 9e de ligne, une petite clarinette du prix de soixante francs, et une boîte en acajou qui devait contenir la clarinette que lui avait livrée M. Gentellet. On apprit aussi que les clefs en argent de ces instrumens avaient été détachées et vendues à un orfèvre. Ces faits ont motivé de la part de M. le colonel du 9e régiment de ligne, une plainte en escroquerie, qui a été adressée à M. le lieutenant-général commandant la 1re division, à la date du 14 mars. En conséquence, l'affaire a été déférée à la justice militaire.

Mais, dans l'intervalle, une modification s'est introduite dans la jurisprudence militaire. Jusqu'à ce jour les conseils de guerre s'étaient reconnus compétens pour juger tous les délits imputés aux individus qui étaient liés au service d'un régiment en vertu d'un engagement civil et moyennant salaire.

Aussitôt après la lecture de l'ordre de convocation du conseil et de la plainte par M. Asseline, greffier, M. le président prend la parole.

M. le président : Je viens d'entendre par cette lecture que la plainte de M. le colonel du 9e de ligne donne au prévenu Petit la qualité de musicien gagiste. Cette qualité seule me semble devoir soulever une question de compétence pour le conseil de guerre. Si je ne me trompe, j'ai lu dans la *Gazette des Tribunaux* du mois dernier un arrêt de la cour de cassation qui fixe la jurisprudence sur ce point ; une circulaire ministérielle vient également d'être adressée à MM. les lieutenans-généraux commandant les divisions pour les engager à inviter les chefs de corps à ne plus à l'avenir déférer aux tribunaux militaires les individus gagistes qui se rendraient coupables *de délits communs*.

M. *Mévil*, commandant-rapporteur : Je pense que la lecture des pièces est nécessaire ; ce n'est que parle résultat de l'information que le conseil pourra reconnaître s'il est incompétent. Au fond, Petit s'est déclaré coupable d'abus de confiance, mais le conseil, attendu que l'individu est gagiste et que le délit qui lui est imputé n'est pas un délit militaire, peut se déclarer in compétent et renvoyer l'affaire devant M. le procureur du roi de la Seine pour en poursuivre la répression.

Le conseil, après délibération, a rendu le jugement suivant :

« Le 2e conseil de guerre permanent, délibérant à huis-clos, seulement en présence de M. le commissaire du roi, M. le président a posé la question suivante :

» Le conseil est-il compétent pour statuer sur le délit d'abus de confiance reproché au nommé Petit (Jean-Baptiste), musicien gagiste au 9e regiment d'infanterie de ligne ?

» Les voix recueillies en commençant par le grade inférieur, M. le président ayant émis son opinion le dernier ;

» Considérant que le nommé Petit (Jean-Baptiste) n'est pas lié au service militaire en vertu de la loi sur le recrutement du 21 mars 1832 ; qu'il n'a contracté un engagement que conditionnellement, et moyennant un prix convenu, qu'ainsi, par ce premier motif, il ne peut être jugé militairement ;

» Considérant, en outre, que le fait reproché à Petit n'est pas un délit militaire, mais bien une contravention aux lois générales et au droit commun ;

» Considérant enfin que, par arrêt de la cour de cassation en date du 19 mai 1838, il a été jugé que les conseils de guerre ne sont point compétens pour juger les musiciens gagistes ;

» Le conseil déclare, à l'unanimité, qu'il est incompétent pour juger ledit Petit (Jean-Baptiste), musicien gagiste au 9e de ligne ;

» Sur quoi M. le commissaire du roi a fait son réquisitoire pour l'application de la loi ; les voix recueillies de nouveau dans le forme indiquée ci-dessus, le conseil, faisant droit audit réquisitoire, renvoie *à l'unanimité* le prévenu, la plainte et les pièces à l'appui, par-devant M. le procureur du roi près le tribunal de première instance du département de la Seine, pour être statué à son égard ce qu'il appartiendra. »

Part II

English

Chapter 10

Introduction

THE ORGANISATION OF ARMY BANDS has long been the subject of complaints from colonels, whose views it does not fulfil, and musicians, whose interests it hurts.

Progress in the art of music has increased the difficulty of forming good military orchestras with the elements of which they are currently composed; and nothing less than a complete reorganisation is needed to satisfy the wishes of artists and the requirements of military service and discipline.

This reorganisation must be the necessary consequence of the developments demanded by the institution of the School of Military Music, established on proportions too small to remedy all the disadvantages that will be pointed out in the course of this project.

The state of military music had aroused the attention of the authorities, and in 1836 the Minister of War sought to improve it by creating the School, where one soldier from each infantry regiment must spend two years studying modern methods and style, which he will then propagate on his return to the army.

Over the last eighteen months, we have been able to judge the rapid progress made by the teaching method followed at the School, since a number of students who became skilled before the time set for their replacement have already been sent back to the regiments where their services as instrumentalists and teachers are particularly appreciated.

If the return of a single student, whose education is complete, can contribute to the improvement of a military band, what would it be like if we could instruct several soldiers from the same regiment at the School and send them back at fixed times or according to the needs of the army, as instrumentalists or conductors, to form in each corps a nucleus of men capable of imbuing the orchestra with the unity of execution that is so necessary?

To achieve such advantageous results, we need to:

1. Rebuild orchestras on better foundations than those already in existence.
2. Fix the position of soldier-musicians by conferring on them ranks and honoraria designed to reward talent and give those who are endowed with it the desire to remain in the corps.
3. These two important measures, whose implementation would be made easy by the increase in the number of students at the School of Military Music, would enable the regiments to do without *gagistes*.[1]

These are the main foundations of the project that will be submitted to the competent authority, and whose traces can be found in the old organization of the music of the imperial guard.

I will therefore deal with them in turn:

1. The formation of military bands;
2. Their administration to date;
3. The forced employment of gagistes;
4. The disadvantages of keeping them in the regiments alongside individuals with a real connection to the service;
5. The position of other army musicians;

Lastly, I will outline the means of reconciling the interests of the State with those of army musicians: this will be the necessary development of the three paragraphs formulated above.

---

[1] TRANSLATOR'S NOTE: A *gagiste* is a musician who, without being bound by military service, is engaged for pay in a regimental band.

Chapter II

Formation of military bands in France

UNTIL 1789, the means of preserving and reproducing the art of music in France were confined to the choir schools, where pupils were trained solely for the purposes of worship. Instrumental music was not studied there. The result was a void that was particularly noticeable in the music corps attached to the armies: most regimental musicians were Germans, and for a long time the very orchestras of our theatres were made up of foreign artists.

In 1792, however, a free music school was set up with the musicians of the National Guard, from which the large corps of musicians required by a mass of fourteen armies were recruited during the war.

Such was the origin of the Conservatoire, and until around the year 1796, it provided more than 400 students for the service of the armies. But when the singing and declamation school, a branch of the Opéra, was added to this institution, the direction of studies changed.

Barely two years had elapsed, and students who had previously been sent to the regiments were now pursuing careers in theatre or teaching.

From then on, military bands were supplemented by soldiers, then by gagistes.

Chapter 12

Music administration from 1792 to the present

DURING THE REPUBLIC and the Empire, the administration of the music was arbitrarily regulated. The music director had authority over his subordinates only under the command of the drum major. All musicians were soldiers, and counted as such in the companies, where they enjoyed full rights to command, seniority and retirement.

Under the Restoration, the new organisation of the infantry included musicians in equal numbers and in the same position as before. In 1820, the number of musicians was increased to twelve, including a conductor. By an ordinance of 1821, they were no longer regarded as anything other than a gagiste, and consequently remained deprived of all the rights acquired by military personnel.

In 1823, it was decided that educated soldiers could, after six years' service, re-enlist to serve in the music department. Under this arrangement, these musicians occupied the position of gagistes and enjoyed the advantages due to their position as musicians and re-enlisted, with the prospect of promotion. Most of them fulfilled their duties with zeal, and later achieved honorable ranks in the army.

But while the administration of music was undergoing so many changes, art was making progress that required a larger orchestra, for which the usual resources could no longer suffice. In January 1827, at the request of the colonels, it was decided that the number of musicians should be raised to 27, of whom no more than 9 would be gagistes and no fewer than 18 would count as members of the corps. However, as the salaries of the gagistes could vary according to locality and circumstances, it was deemed necessary to set an annual sum of 9,000 fr. from which all musical expenses would be paid.

Of all the successive ordinances that have modified the organisation of military bands, none has fixed the position of musicians, nor the means of completing the orchestra's cadres with skilled men who belong to the regiment, which would have avoided the use of gagistes.

Chapter 13

The gagistes

THE INTRODUCTION of the *gagistes* into regimental music dates back to the time when the Conservatoire stopped supplying musicians to the army. From then on, corps commanders were obliged to accept a host of foreign musicians to complete their orchestras. These gagistes have no regard for the interests of the regiment; they see their position as a kind of second best, which they will leave at the first opportunity to earn more. If they feel upset, they talk of retiring; and indeed, they are not seriously bound to the service, and this uncertain position engages the colonels in concessions they would not make to military men. When the ordinance of 1833 was used to subject the gagistes to discipline, they asked to be discharged. And when they leave, they believe themselves relieved of any obligation to the regiment, if they don't take any of the items entrusted to them with them. Experience has shown, however, that gagistes are not always so scrupulous when the regiment is stationed near their country's borders.

As a result of employing these nomadic musicians, serious errors are made in the clothing accounts, since clothes are often returned before reaching the time set for their duration.

Some gagistes, when in need of employment, make the most beautiful promises and conceal the embarrassments they bring with them. If they are married, they first deny it, and the colonels, who cannot always be sure of the veracity of their assertions, suffer the consequences.

In wartime, it becomes difficult to maintain a well-organised band: for a 10 f. per month increase, most of the wage earners leave a regiment; and what's more, the bandmasters take them away from each other. Seeing that they have become necessary, the gagistes raise their claims so high that the 9,000 f. would not be enough to reconcile their demands with the interests of the service. — All these disadvantages, inherent in the employment of gagistes in the army, are not redeemed by the particular qualities of these musicians. Few of them go beyond the ordinary line: for the most part, they are very mediocre artists, too unskilled in their specialty to occupy a first desk in a good orchestra. They take advantage of the scarcity of regimental bands to obtain jobs and fees they wouldn't have elsewhere. After changing corps several times, they end up losing what they knew of modern style, become routine and are no resource for teaching. They don't give lessons to the students they undertake to train; they turn them into servants.

It is clear from the foregoing that gagistes cannot provide good service.

If they are foreign, they offer no guarantees.

If they are French, they have no interest in joining a regiment. If they have been chosen from among the students trained at the corps or at the School of Military Music, they receive 10 or 15 fr. of extra pay, but once their enlistment is over, they would have to be very unskilled not to find 40 or 50 fr. of stipend in another regiment, if they preferred not to leave military service. This explains why bands are suddenly deprived of 15 or 20 subjects at a time.

If the gagistes were abolished, those who would find themselves in this position would be well advised to remain in the corps to compete with the other musicians for successive promotions to the various categories discussed below. In this way, a unity of execution would be maintained in the music that is impossible to achieve with artists who change too often.

Regiments rarely have musicians in their orchestras who are capable of becoming conductors, so they recruit them from the ranks of gagistes; but the title of conductor given to a gagiste is almost always illusory. In fact, the gagiste has no real authority over the soldier–musicians to maintain discipline in terms of orders, command and hierarchy. The following case provides striking proof of this assertion. During a rehearsal, a soldier of the 6th infantry line rudely insulted his music director, who was a gagiste, and forgot himself to the point of throwing his instrument and notebook at his head.

The regiment's colonel ordered the soldier to appear before the war council in Paris, accused of assaulting a superior officer in the performance of his duties. The charge, far from being supported by the rapporteur,[1] was dismissed out of hand. The war council, judging in accordance with the rapporteur's conclusions, declared that the status of music conductor given to a gagiste did not oblige a soldier to respect as his superior the person to whom it was given, and the soldier was absolved.

The same issue has just been ruled on by the French Supreme Court. (See supporting documents.)

The disadvantages attached to the employment of gagistes are no longer in question; it is conceivable that these musicians must not and cannot remain under the flag without being bound to service alongside men who are seriously engaged.[2] This is an antinomy that cannot continue, because it leads the state to (useless) expenditure, perpetuates disorder and displacement in the regimental orchestras, and leads to the oblivion of all military discipline. A gagiste, even one less skilled than a regimental student who has only 10 francs of extra pay, does not believe he is asking too much of 60 francs a month for his freedom, which he hires temporarily and constantly seeks to recover, to the great scandal of the conductors, through continual infringements of military regulations.

---

[1] A *rapporteur* is someone who has been identified by a committee or an organisation to carry out research on something, and submit a full-fledged report.

[2] The King of Sardinia has just issued a decree abolishing the gagistes and keeping only men with military commitments in the army. This measure excludes foreign musicians from the army. Moreover, in Italy and Germany, Frenchmen are not allowed to serve as gagistes.

Chapter 14

The position of musician soldiers

AS WE CAN SEE, legislation has corroborated the observations that apply to gagistes. A number of music directors, realising that their authority was illusory, decided to sign up for military service, and now count as soldiers, corporals or sergeants in the companies, with the prospect of retirement.

But to avoid one drawback, we fall into another.

If the bandmaster is only a soldier, he has no real authority over the other soldiers under his command as musicians, and even less over a corporal or sergeant attached to the band.

If he is a corporal, he has no action against the sergeant, and his duties as a corporal fall to the other corporals in the company where he is employed.

If he is a sergeant, not only does he not perform the duties of his rank in the company, but he also impedes the advancement of a corporal, since he, a sergeant, has reached the highest rank to which he is entitled.

He can't pass inspection as a music conductor and as a company sergeant — that would be fraud.

In the position of private, corporal or sergeant, he still finds above him the drum-major, who has the rank of sergeant-major. Thus, an artist whose job requires a certain amount of education and special knowledge is not deemed worthy of a rank and authority vested in an ordinarily unqualified individual who can, on occasion, make him feel the influence of his sergeant-major stripes.

Chapter 15

The need to complete regimental orchestras

OVER THE LAST TWENTY YEARS, the art of music has made immense progress in all its aspects. Theatre orchestras have been enriched by a large number of instruments.

In the time of Grétry, Méhul and Boïeldieu, seven or eight wind instruments were sufficient to perform the compositions of these great masters, as the most salient arias from new operas have always been arranged for military bands. It is above all to the fertile genius of Auber that military music owes the impetus it has received, because the works of this great composer, which have become popular even in Germany among regiments, offer a host of pieces whose warlike, rhythmic character is essentially suited to the troops. But to perform them properly, they must be adapted to the resources of a military band, and good bands must first be set up.

We have already seen that, as progress in the art required a greater number of performers, the colonels had requested authorisation to increase the number of musicians. The figure of 27 is no longer sufficient to accommodate the number of horns, trumpets, trombones and ophicleides that have become indispensable. Provincial theatres and philharmonic societies have sought to organise their orchestras along the lines of those in Paris; military bands alone have been left behind, reduced to their usual resources for playing modern works; and in the regiments, the performance is more a kind of travesty than an imitation of the effects admired in our great orchestras.

To obtain a suitable performance with a military band, the distribution of instruments must be regulated as follows, without ever being able to change this de rigueur arrangement.[1]

> 1 E♭ Clarinet,
> 1 Piccolo,
> 1 Clarinet solo,
> 4 first Clarinets (of which one plays 1st Oboe),[2]
> 6 second Clarinets (of which one plays 2nd Oboe),
> 4 Horns,
> 2 Cornets,
> 1 Trumpet,
> 3 Trombones,
> 2 Bassoons,
> 4 Ophicleides,
> 1 Bass drum,
> 2 Snare drum,
> 2 Cymbals,
> 2 Chinese hat [3]
> 36

---

[1] In theatre orchestras, when an artist is missing from a horn position, an ophicleide is not used. Places are marked and do not vary; the arrangement of instruments is not inverted by assigning to some what is appropriate to others; this is why we insist on the need to maintain the indicated distribution, all the more so as in military orchestras, woodwind instruments are often replaced by brass instruments. This unequal classification is essentially detrimental to all parts of the orchestra. Thus, when we have tried to unite the ensembles of various regiments, any performance has been impossible or detestable. If the proportions in each orchestra had been properly fixed, the result would have been an imposing mass whose parts would lend each other mutual support; whereas the disproportion of one added to that of the others can only produce a dreadful hullabaloo.

[2] The oboe should be chosen from among the clarinets, because the oboe's timbre is not bright enough to be heard in pas redoublés and marches played at the head of a regiment, whereas in harmony, i.e. pieces played firmly, at rest, in halls and churches, the oboe is indispensable. Until now, the oboe has been replaced by the clarinet, because it is rare to find good oboists; but for the variety of timbres, it is better to use the oboe.

[3] TRANSLATOR'S NOTE: The Chinese hat was also called the Turkish Crescent, Schellenbaum (Germany) or the Jingling Johnny (Britain).

The musicians making up such an orchestra would be classified in this way.

> 1 Conductor,
> 1 Assistant conductor,
> 4 Musicians 1st class,
> 4 Musicians 2nd class,
> 19 Musicians 3rd class,
> 1 Musician Bass drum,
> 6 Soldiers playing cymbals, snare drums and the Chinese hat.

To keep this organisation on a fixed footing, it would be advisable to decide that in future all musicians would be recruited for military service, and that they would be granted ranks commensurate with their responsibilities, to ensure a suitable position for each. But these ranks, purely honorary and analogous to those of master craftsmen, would only give authority over musicians; and those who had obtained them through their talents would only be able to exercise all their rights when they retired.

This proposal is nothing new. Already under the Empire, we read of its application to musicians of the Imperial Guard, who were granted the following grades.

Chapter 16

Grade allocations

MUSIC CONDUCTOR. — Adjutant; specially entrusted with the supervision and direction of the music, and the arrangement of pieces; he would be more like an orchestra conductor than an instrumentalist, because his job requires special knowledge of harmony, and the habit of conducting an orchestra.

Assistant conductor. — Sergeant-major; special responsibility for musician discipline and execution of orders; distinguished soloist.

4 Musicians 1st class. — Sergeants.

4 Musicians 2nd class. — Corporals.

26 Soldier musicians.

The sergeant-major and other senior musicians would be in charge of student instruction, under the supervision of the conductor (Adjutant).

The result of this organisation would be to stimulate emulation among soldier-musicians, who usually do not work because they have no interest in making progress, while the prospect of progressive advancement from class to class up to the position of conductor would establish a noble rivalry between all musicians, to the benefit of service and performance. Opportunities for advancement in music would be analogous to those in companies where zeal and aptitude are rewarded.

Chapter 17

Salaries

HERE AGAIN, we are relying on a precedent already established in the Imperial Guard, where each musician received with his pay an extra pay amounting to 60 fr. per month. Today, however, a more equitable distribution is needed, in line with the nature of the orchestra and the job of each musician.

Salaries drawn from the 9,000 f. earmarked for music expenses would be distributed as follows.

(The increased salaries of 11 f. 50 c. per month, soldier's pay, would be a suitable emolument for the musicians).

	fr. per monnth.	fr. per year.
Adjutant	140	1680
Sergeant major	80	960
4 Sergeants	60	2800
4 Corporals	20	960
1 Bass drum	10	120
		6520
Working capital for instrument purchase and repair, miscellaneous supplies and extra payment to reward the zeal of the most skilful musicians in the 3rd class.		1200
		7720

Available	9000
	7720
Remainder	1280
	91 regiments
	1280
	115200
	116480

Once the organisation of the bands has been completed on the basis just proposed, part of the savings could be used to pay the cost of boarding three students at the School of Military Music. The result of such a measure would be to provide, two years after the organisation of the bands and the School, a mass of educated musicians who would suitably fill the jobs intended for senior military personnel. From then on, when a certain number of subjects were needed to complete the cadres of the regimental bands, they would be taken from the School.

3 Students at 240 f.	720
91 Regiments	91
	720
	64800
	65520

	116480
School costs	65520
Savings	50960

The indisputable advantages of the project I have just outlined are undoubtedly worth considering, for in the new organisation of regimental bands, all wishes will be fulfilled, all interests reconciled. Artists who are dedicated to a military career will find an honorable position in the army; the State will make considerable savings, and will be compensated for its sacrifices by numerous brilliant orchestras that will be the glory of art and of the regiments; once all positions have been established, military discipline will no longer be violated in favour of foreigners who do not wish to attach themselves to the army. The School of Military Music will become the home of military musical instruction in France, and in a few years' time, regimental orchestras will be able to make themselves heard with pride, even in the capital.

Chapter 18

Supporting documents

Court of Cassation (CRIMINAL SECTION)
Chaired by Mr Chopin d'Arnouville
Hearing of 19 May 1838

ON THE APPEAL lodged by Messmer, a musician in the 56th Line Infantry Regiment, against a judgment of the permanent war council of the 7th military division, based in Lyon, which sentenced him to 5 years in irons, for rioting and threatening an officer of the regiment, Councillor Bresson reported and informed the court of a brief written in Messmer's favor by Mr Durat-Lassalle, lawyer at the royal court. Mr Hébert, Advocate General, thought that, in matters of exceptional competence, everything is de rigueur. We must therefore remain within the terms of the law of 3 November 1796, which only makes military personnel, or those assimilated to them by a special provision, subject to the jurisdiction of military courts. However, musicians who have entered into a contract with the board of directors and are paid by the regiment are neither military nor included in the number of those specially assimilated to military personnel. They are not subject to the jurisdiction of war councils.

It is true that, in this case, by contracting with the regiment's board of directors, Messmer undertook to submit to any disciplinary penalties that might be inflicted on him, and to be punished as a deserter in the event of his leaving the regiment; but this in no way implicates the question of jurisdiction; for on the one hand, disciplinary penalties are merely corrective measures, and on the other, it is obvious that Messmer could not, even by accepting military jurisdiction in advance, have deprived himself of his right to decline it at a later date. The counsel for the prosecution therefore argued for cassation, and the court handed down the following ruling:

> Having heard the report of Councillor Mr Bresson and the conclusions of Advocate General Hébert;
> — As regards the appeal lodged by Joseph Messmer;
> — Considering article 77 of the law of 18 March 1800;
> — Articles 9 and 10 of the law of 3 November 1796;
> — Article 53 of the Constitutional Charter;
> — And article 6 of the Civil Code;
> — Whereas councils of war are instituted to judge military offenses, and this qualification belongs to offenses committed by individuals who are part of the army;
> — That under the terms of article 9 of the law of 3 November 1796, and with the exception of hirers, spies and inhabitants of enemy countries, *only soldiers and individuals attached to the army and its retinue* are subject to the jurisdiction of the councils of war;
> — Whereas it follows from the provisions of articles 1, 33 and 34 of the law of 21 March 1832, that the army is recruited by means of voluntary calls and enlistments; that these must be contracted in the forms prescribed by articles 34, 35, 36, 39, 40, 42 and 44 of the Civil Code, before the mayors of the canton capitals, and that the duration of voluntary enlistment is seven years;
> — Whereas the commitment contracted by a musician who has not been accepted into the army, either as a conscript or as a replacement, differs essentially from voluntary commitment in its form, nature and conditions; it is nothing other than a contract of hire by which the musician commits his services, for an agreed price, for a determined period of time;
> — It follows from this that a musician gagiste is not a member of the military;
> — That even admitting that he should be placed in one of the classes of individuals designated by article 10

of the law of 3 November 1796, in the present case, the offence imputed to Joseph Messmer, a simple musician gagiste, and not a soldier musician, would have been committed while the regiment to which he was attached was garrisoned in the interior, and was not part of any army corps; that thus the plaintiff could not have been considered to be *following the army*;

— Whereas, finally, jurisdiction is a matter of public order, and if, by entering into a contract with the board of directors, the musician gagiste declared that he was subject to the rules of military discipline, this agreement, whose purpose was to make him liable to disciplinary punishments, could not, however, remove him from the jurisdiction of his natural judges, nor subject him to the penalties specially established for the repression of military offenses, especially when they would apply to acts carrying an afflictive and infamous penalty;

— That the 1st permanent war council of the 7th military division was therefore incompetent to judge Joseph Messmer, accused of insulting a law enforcement officer by words and threats;

— That by confirming this decision, the permanent review board appropriated its vice; that it also violated the rules of jurisdiction and committed an excess of power;

— On these grounds, the court quashes and annuls:

1. the judgment of the 1st permanent council of war of the 7th military division, dated 19 January 1838, by which, declaring itself competent, it sentenced Joseph Messmer to five years in irons, to degradation and to pay the costs of the trial;

2. the judgment of the permanent council of revision, dated 30 January 1838, which confirmed this decision;

— And in order to proceed and be judged, in accordance with the law, on the facts imputed to the said Messmer, refers him to the examining magistrate of the court of first instance, based in Lyon.

A new ruling by the Paris War Council further corroborates the assertions contained in this memorandum.

Second Paris War Council
Chaired by Mr Michel, Colonel of the 29th Line Regiment
Hearing of 13 June 1838.

MUSICIANS-GAGISTES — NON-MILITARY OFFENSES — INCOMPETENCE OF MILITARY COURTS — REFERRAL TO ORDINARY COURTS.

IN NOVEMBER 1837, Sieur Petit, of Belgian origin, living in Paris, presented himself to the colonel of the 9th line infantry regiment, and entered into a voluntary contract to serve for two years in this regiment as a musician, in return for a sum to be paid annually.

In February 1838, Petit left the regiment, having found a more advantageous contract with a band in Ghent; but after his departure, numerous complaints were received by the conductor, who learned that this musician, under various pretexts, had been given several clarinets by Mr Buffet, an instrument maker, which he had not paid for; that Mr Gentellet, another instrument maker, had also fallen victim to Petit by the same means, for a very expensive clarinet; a third maker, Sieur Darche, entrusted him, in his capacity as musician attached to the 9th line infantry regiment, with a small clarinet priced at sixty francs, and a mahogany box which was to contain the clarinet delivered to him by Mr Gentellet. It was also learned that the silver keys to these instruments had been detached and sold to a goldsmith. These facts prompted the colonel of the 9th line infantry regiment to lodge a complaint of fraud with the lieutenant-general commanding the 1st division, dated 14 March. As a result, the case has been referred to military justice.

In the meantime, however, a change has been introduced into military jurisprudence. Up until now, war councils had been competent to judge all offences committed by individuals who were bound to the service of a regiment by virtue of a civil engagement and in return for a salary.

Immediately after the order to convene the council and the complaint had been read by Mr Asseline, the clerk, the president took the floor.

MR PRESIDENT: I have just heard through this reading that the complaint lodged by the Colonel of the 9th Line Infantry regiment gives the accused Petit the status of musician gagiste. This status alone seems to me to raise a question of jurisdiction for the War Council. If I'm not mistaken, I read in last month's *Gazette des Tribunaux* a ruling by the Court of Cassation setting out the case law on this point; a ministerial circular has also just been sent to the lieutenant-generals commanding the divisions, urging them to ask corps commanders to refrain in future from referring to the military courts individuals who are guilty of *common offences*.

MR MÉVIL, COMMANDANT-RAPPORTEUR: I think it's necessary to read the documents; it's only the result of the information that will enable the board to recognise whether it is incompetent. Basically, Petit has declared himself guilty of breach of trust, but the council, given that the individual is a gagiste and that the offence attributed to him is not a military offence, can declare itself incompetent and refer the case to the King's prosecutor of the Seine to pursue its repression.

The Board, after deliberation, rendered the following judgment:

> In the 2nd Permanent War Council, deliberating in camera,[1] only in the presence of the King's Commissioner, Mr President posed the following question:
>
> "Is the council competent to rule on the offence of breach of trust for which Petit (Jean-Baptiste), a musician with the 9th Line Infantry Regiment, has been charged?"
>
> The votes were counted starting with the lowest rank, with the Chairman expressing his opinion last;
>
> Considering that the named Petit (Jean-Baptiste) is not bound to military service by virtue of the law on recruitment of 21 March 1832; that he has only contracted a commitment conditionally, and for an agreed price, that therefore, by this first reason, he cannot be judged militarily;
>
> Considering, moreover, that the act of which Petit is accused is not a military offence, but a contravention of general laws and common law;
>
> Considering finally that, by decision of the Court of Cassation dated 19 May 1838, it has been ruled that the Councils of War are not competent to judge musicians who are wage earners;

---

[1]TRANSLATOR'S NOTE: "in camera" i.e. behind closed doors

The Council unanimously declares that it is incompetent to judge the aforementioned Petit (Jean-Baptiste), a musician gagiste in the 9th Line Infantry Regiment;

Whereupon the King's commissioner made his indictment for the application of the law; the votes having been collected again in the form indicated above, the council, granting the said indictment, *unanimously* refers the accused, the complaint and supporting documents, to the King's prosecutor at the court of first instance of the Seine department, to be ruled upon as appropriate.

www.ingramcontent.com/pod-product-compliance
Lightning Source LLC
Chambersburg PA
CBHW060542080526
44586CB00012B/822